AF372703

Vente du Samedi 18 Mars 1893

HOTEL DROUOT, SALLE N° 10

à 2 heures

OBJETS D'ART ANCIENS

DE LA CHINE

ET

DU JAPON

PORCELAINES

POTERIES — BRONZES

MATIÈRES DURES

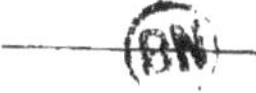

EXPOSITION PUBLIQUE

LE VENDREDI 17 MARS 1893

DE 1 HEURE 1/2 A 5 HEURES 1/2

COMMISSAIRE-PRISEUR	EXPERT
Mᵉ PAUL CHEVALLIER	M. CHARLES MANNHEIM
10, rue Grange-Batelière, 10	7, rue Saint-Georges, 7

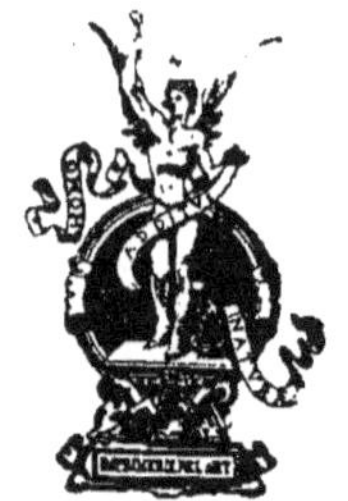

CONDITIONS DE LA VENTE

Elle sera faite *expressément* au comptant.

Les acquéreurs payeront en sus des enchères *cinq pour cent*.

L'exposition mettant le public à même de se rendre compte de l'état des objets, aucune réclamation ne sera admise une fois l'adjudication prononcée.

Paris. — Imp. de l'Art. E. MÉNARD ET C⁰, 41, rue de la Victoire.

DÉSIGNATION DES OBJETS

PORCELAINES

DE LA CHINE ET DU JAPON

1 — Grand vase à décor de rinceaux fleuris sur fond verdâtre. Famille rose. Époque Kien-lung.

2 — Vase-rouleau, décor famille verte : Femmes à cheval. Vieux Chine.

3 — Vase-balustre quadrilatéral, à réserves variées sur fond vert semé de fleurettes et papillons. Émaux de la famille verte. Chine.

4 — Vase décoré de scènes familières avec rivière et barque. Famille rose. Vieux Chine.

5 — Deux vases à panse cylindrique : Personnages dans une barque auprès d'une cascade. Famille rose. Vieux Chine.

6 — Vase : Personnages, enfants et animaux. Famille verte. Vieux Chine.

7 — Vase à panse cylindrique : le Dieu de longévité sur le cerf. Famille rose. Vieux Chine.

8 — Vase-rouleau, décor doré de paysage sur fond bleu soufflé. Vieux Chine.

9 — Vase-lancelle, décor bleu : Rochers et branches fleuries. Vieux Chine.

10 — Vase-balustre en céladon turquoise truité et flambé. Vieux Chine.

11 — Vase en céladon turquoise truité. Vieux Chine.

12 — Deux tabourets de jardin, en forme de barils, décor polychrome avec parties ajourées. Vieux Chine.

13 — Vase-balustre décoré de réserves de fleurs avec ustensiles divers sur le col. Famille rose. Vieux Chine.

14 — Vase-lancelle décoré de branches fleuries, oiseaux et insectes. Famille verte. Vieux Chine.

15 — Autre : Sujets guerriers sur le col et la panse. Famille rose. Vieux Chine.

16 — Bouteille émaillée bleu soufflé décorée d'un dragon gravé sous couverte. Époque des Mings. Vieux Chine.

17 — Vase à panse ovoïde et col évasé, couverte flambée violacée. Époque Kien-lung. Chine.

18 — Bouteille à couverte simulant le bois. Chine.

19 — Cornet à décor bleu lambrequiné avec têtes chimériques. Vieux Chine.

20 — Potiche non couverte, décor bleu rehaussé de rouge et d'or, vases et instruments divers. Chine.

21 — Deux pots à tabac non couverts, fond caillouté bleu, en partie décorés à froid. Chine.

22 — Potiche couverte, décor bleu : Paysage et animaux. Vieux Chine.

23 — Autre non couverte analogue à la précédente. Vieux Chine.

24 — Autre non couverte, décor bleu, rinceaux. Vieux Chine.

25 — Deux autres non couvertes, décor bleu, rinceaux et oiseaux. Vieux Chine.

26 — Autre couverte, décor bleu, branches fleuries. Vieux Chine.

27 — Potiche non couverte, branches fleuries sur fond marron. Chine.

28 — Petit vase-rouleau : Sujet guerrier. Famille verte. Vieux Chine.

29 — Autre : Sujets familiers sur fond marron. Famille rose. Époque Kien-lung.

30 — Pitong cylindrique, vieux Chine : Scènes familières.

31 — Jardinière carrée formée par quatre plaques de vieux Chine, famille verte à personnages ; monture en bois de fer.

32 — Deux potiches non couvertes, famille verte à décor de personnages. Époque des Mings. Vieux Chine.

33 — Pot à tabac non couvert, vieux Chine, famille verte à branches fleuries.

34 — Petit vase, famille rose, fleurs et papillons. Vieux Chine.

35 — Vase cylindrique : oiseaux sur fond de rinceaux fleuris. Vieux Chine.

36 — Bouteille en céladon gris gravé sous couverte. Vieux Chine.

37 — Bouteille à col renflé en céladon gris craquelé. Vieux Chine.

38 — Potiche dont le col a été coupé, vieux Chine, famille verte à feuillages et attributs.

39 — Deux vases en vieux Chine, émaillés rouge flambé.

40 — Autre émaillé bronze. Vieux Chine.

41 — Autre émaillé foie. Vieux Chine.

42 — Quatre petits vases variés en vieux blanc de Chine, dont deux avec socles en bois dur.

43 — Deux pots à tabac non couverts en porcelaine mince de la Chine, famille verte, décor de vases de fleurs, fruits et lambrequins.

44 — Trois bols variés, décor bleu, fleurs et papillons, caractères d'écriture et rinceaux. Vieux Chine.

45 — Deux autres : poissons et plantes. Époque des Mings. Vieux Chine.

46 — Six pièces : deux soucoupes et quatre bols décor blanc, dragons et bambous sur fond rouge. Chine.

47 — Quatre soucoupes variées, dragons émaillés rouge, chauve-souris en camaïeu bleu avec marli à grains de riz, branches fleuries, famille rose. Vieux Chine.

48 — Deux compotiers, décor bleu, dragons. Époque Kien-lung.

49 — Deux bols couverts, dragons en rouge de fer, rehaussé d'or. Chine.

50 — Deux bols à décor de fleurs et rinceaux sur fond rouge d'or et jaune jonquille. Vieux Chine.

51 — Autre à fleurs et rinceaux sur fond rouge d'or. Vieux Chine.

52 — Deux coupes sur piédouche, l'une à rinceaux fleuris, l'autre à décor blanc de rinceaux gaufrés sous couverte. Époque Kien-lung.

53 — Trois bols obconiques dont deux à décor de médaillons fleuris, l'autre à décor bleu, flots de la mer. Vieux Chine.

54 — Deux bols, l'un à médaillons de dragons et fong-hoangs sur fond jaune; l'autre, côtelé à branches fleuries. Vieux Chine.

55 — Trois pièces : deux bols, décor bleu et rouge de cuivre, personnages et fleurs; grand bol à décor de zone de rinceaux en relief et couleur. Chine.

56 — Cinq pièces : quatre soucoupes émaillées brun, décor gravé sous couverte ou uni, et compotier famille rose, fleurs dorées. Vieux Chine.

57-58 — Cinq pièces à décor de dragons et rinceaux émaillés vert sur fond jaune clair: quatre bols et un compotier. Vieux Chine.

59 — Trois bols variés, dragons et fong-hoangs, branches fleuries, famille rose, branches fleuries fruits et papillons. Vieux Chine.

60 — Deux bols : arbustes fleuris, branches chargées de fruits et chauve-souris. Chine.

61 — Bol couvert à surface jonchée de fleurs avec compartiments à personnages réservés. Époque Kien-lung.

62 — Quatre pièces : deux bols couverts à décor de carquois fleuris et deux petites tasses sans anse, à décor d'arbustes fleuris. Chine.

63 — Bouteille, décor en camaïeu bleu, dragon gaufré sous couverte. Vieux Chine.

64 — Pot à tabac ovoïde non couvert, animaux chimériques. Vieux Chine, famille verte.

65 — Autre non couvert, décor bleu de Kilins. Vieux Chine.

66 — Autre non couvert, décor bleu, paysage et animaux. Vieux Chine.

67 — Autre non couvert, décor bleu, scène familière. Vieux Chine.

68 — Autre non couvert, décor bleu, paysage animé. Vieux Chine

69 — Pitong cylindrique, décor bleu de paysage et personnages. Époque des Mings. Vieux Chine.

70 — Deux pièces : crachoir et petite jardinière de forme ronde avec socle en bois noir, décor bleu de dragons et rinceaux. Vieux Chine.

71 — Deux petites bouteilles variées, décor bleu de rinceaux et de grecques. Vieux Chine.

72 — Deux autres, décor bleu, paysages, rinceaux. Chine.

73 — Deux pièces : vase flambé violet et cornet à couverte simulant le bronze. Chine.

74 — Trois pièces décor bleu : petite bouteille, fleurs, et deux petits vases, rinceaux et personnages. Chine.

75 — Trois pièces : petite bouteille décorée de dragons en rouge de fer, petit vase décor bleu et rouge à grappes de raisins, et petite coupe à bords droits, attributs émaillés bleu avec socle en bois dur. Chine.

76 — Cinq petits vases, décor en camaïeu bleu : quatre à panse sphérique, l'autre cylindrique.

77 — Deux petits pots à tabac non couverts, décor bleu. Chine.

78 — Cinq petits vases : deux couleur bronze et un troisième marbré ; les deux autres, décor bleu, branches fleuries et arbuste. Chine.

79 — Deux pièces : plat à décor blanc gaufré sous couverte, et compotier orné de fleurs et de fruits émaillés brun. Chine.

80 — Quatre boîtes à fard couvertes, décor bleu : deux à animaux chimériques, vieux Chine, et les deux autres variées à rinceaux.

81 — Six pièces émaillées rouge haricot et rouge corail : quatre petites bouteilles, crachoir, et petit vase quadrilatéral. Chine.

82 — Petit vase-balustre lobé, céladon vert fleuri. Époque Kien-lung.

83 — Deux pièces : vase-applique, décor d'animaux, et vase ovoïde allongé à fleurettes en relief sur fond bleu turquoise truité. Chine.

84 — Gourde aplatie à deux anses, décor en camaïeu bleu : caractères d'écriture et oiseaux. Socle en bois dur ajouré et sculpté. Chine.

85 — Vase à couverte rouge foie. Époque Kien-Lung. Socle en bois dur ajouré et sculpté.

86 — Vase en céladon vert craquelé. Socle en bois. Chine.

87 — Vase à col évasé, décor de branches fleuries et papillons, famille rose. Chine.

88 — Brûle-parfums à anses carrés et sur trois pieds têtes d'éléphants, céladon vert pâle. Couvercle en bois dur avec bouton de jade gris ajouré et sculpté. Socle en bois dur. Chine.

89 — Deux petites bouteilles variées, céladon vert pâle. Chine.

90 — Gourde à décor blanc de fleurs et oiseaux sur fond marron. Chine.

91 — Bouteille, décor polychrome de fleurs et rinceaux avec rehauts d'or. Époque Kien-Lung.

92 — Bouteille à long col, décor bleu et rouge de cuivre de fleurs ; anses rapportées en biscuit. Vieux Chine.

93 — Brûle-parfums non couvert à trois pieds et à anses surélevées, décor rouge de fer, rinceaux. Chine.

94 — Aiguière à anse à couverte flambée violet. Chine.

95 — Vase quadrilatéral à décor en relief, symboles et caractères d'écriture ; couverte bleutée. Chine.

96 — Deux pièces : jardinière cylindrique flambée polychrome et gourde à couverte rouge granuleuse. Chine.

97 — Deux grands pitongs cylindriques décorés en émaux de la famille verte, fruits en relief, fleurs et quadrillés.

98 — Deux autres quadrilatéraux avec supports, décor analogue.

99 — Deux grandes potiches polychromes à décor de réserves variées sur fond bleu rehaussé de rinceaux dorés. Japon.

100 — Deux grandes jardinières circulaires à fleurs et médaillons. Japon.

101 — Deux pièces : petit bol, décor de personnages et petite jardinière cylindrique à paysage bleu et or. Japon.

102 — Personnage assis, figurine, Japon ; décor au naturel rehaussé de dorure.

103 — Deux pièces : théière couverte, décor bleu et jardinière cylindrique, dragons et fleurs en blanc sur fond marron. Japon.

104 — Vase, céladon gris, simulant un sac noué au moyen d'un ruban bleu. Japon.

POTERIES

105 — Brûle-parfums couvert en poterie simulant le bronze. Chine.

106 — Jardinière circulaire à deux anses, poterie simulant le bronze, décor de grecques en relief. Chine.

107 — Vase-balustre à deux anses en poterie : fleurs en émaux de la famille rose sur fond marron. Chine.

108 — Deux pièces : brûle-parfums doré avec socle et couvercle en bois dur ajouré et bol orné de chevaux sur fond vert.

109 — Kirin assis, décor flambé, grès. Japon.

110 — Chat assis. Grès de Takatori.

111 — Vase à panse obconique, décor flambé. Japon.

112 — Deux vases à panse ovoïde, l'un à goulot étroit, couverte flambée ; grès. Japon.

113 — Statuette de personnage debout, parties réservées en biscuit, parties flambées rouge. Japon.

114 — Vase cylindrique, décor en relief et couleur sur fond vert. Poterie. Japon.

115 — Trois pièces : vase-balustre : Paysages sur fond jaunâtre, jardinière obconique, flambée violet, et jardinière oblongue émaillée jaune.

116 — Trois pièces, poterie, Japon : vase flambé marron, pitong cylindrique, Avata, à personnages, vase à col étroit, décor au trait sur fond bleu.

MATIÈRES DURES

117 — JADE VERT. Vase-balustre à anses têtes d'éléphants avec anneaux mouvants pris dans la masse, décor en relief à fleurs et motifs divers. Socle en bois dur ajouré et sculpté. Chine.

118 — JADE VERT. Vase-balustre aplati à petites anses, décor de feuillages et zone de motifs réguliers. Chine.

119 — CRISTAL DE ROCHE. Personnage en prières, assis sur un animal. Chine.

120 — CRISTAL DE ROCHE. Groupe de personnages accroupis.

121 — Petit vase en verre blanc. Socle en bois dur.

BRONZES

122 — Grand brûle-parfums en bronze en forme de lotus sur un support découpé sous lequel est placé un chien de Fô couché. Japon.

123 — Deux statuettes de Kouan-on à plusieurs bras en bronze. Japon.

124 — Statuette en bronze : Poutaï assis, souriant. Japon.

125 — Statuette en bronze : Bouddha méditant. Japon.

126 — Figurine de personnage accroupi sur base carrée en bronze. Japon.

127 — Figurine de Kouan-on sur un rocher, bronze. Japon.

128 — Vase sur pieds dragons, bronze. Japon.

129 — Pitong orné d'un dragon rapporté, bronze. Japon.

130 — Deux pièces : jardinière en forme de corbeille, métal, et vase, plomb doré. Japon.

131 — Statuette de femme japonaise, bronze argenté, doré et laqué.

www.ingramcontent.com/pod-product-compliance
Lightning Source LLC
Chambersburg PA
CBHW071309130726
47998CB00003B/1405